I0213550

Goos

Jolanda Haverkamp & Anita de Vries

Colofon

Geschreven door:
Jolanda Haverkamp

Illustraties van:
Anita de Vries

Uitgegeven door:
Graviant educatieve uitgaven, Doetinchem

© februari 2016

Dit werk is auteursrechtelijk beschermd. Copyright en overige rechten blijven voorbehouden aan: Graviant educatieve uitgaven, Doetinchem, telefoon 0314-345400. Niets uit deze uitgave mag worden verveelvoudigd en/of openbaar gemaakt door middel van druk, fotokopie, microfilm of op welke wijze dan ook, zonder voorafgaande schriftelijke toestemming van de uitgever.

ISBN 978-9491337574

Hoewel dit boek met zorg is samengesteld, aanvaarden de auteur noch de uitgever enige aansprakelijkheid voor het feit dat het gebruik van hetgeen geboden niet aan de behoeften of de verwachtingen van de eindverbruiker voldoet, noch voor eventuele fouten of onvolkomenheden.

Woord vooraf

Dit prachtige kleurrijke prentenboek is heel geschikt voor kinderen en hun omgeving die te maken krijgen met genderdysforie.

Als je zelf heel goed weet wie je bent, maar je omgeving verwacht ander gedrag van je op basis van je uiterlijk. Dat is verwarrend. Wie ben je dan? Je binnenkant of je buitenkant?

Konden we maar kijken

naar wat je

hart laat zien

dan is alles mooi

als jezelf bovendien

Niet zijn wat

wordt verwacht

maar doen

zodat de wereld

naar je lacht

Mark Kronenburcht

Ver, heel ver hier vandaan ligt een bijzonder land.
Het is het land van de sleutelgansjes.
Een vredige wereld waar nooit iets verandert.
Blauw is blauw.
Oranje is oranje.
Het is altijd zo geweest.

In het grote huis met de reusachtige bollen
glijden de nog niet geboren sleutelgansjes
door de buizen rustig naar beneden.

Zachtjes glijden ze verder en verder.

Om eindelijk te worden wie ze zijn.

Blauwe gansjes door de blauwe buis.

Oranje gansjes door de oranje buis.

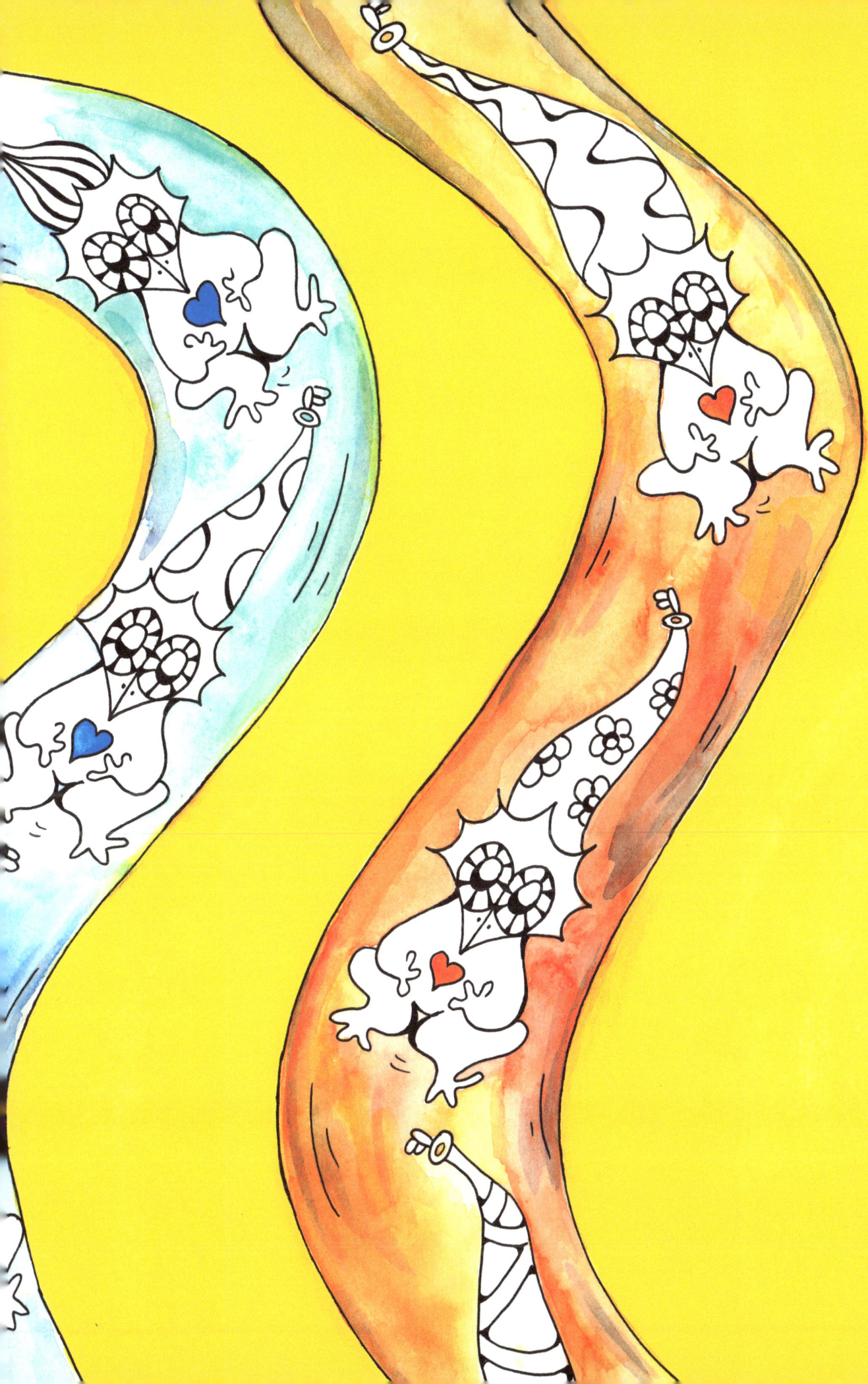

Een blauw sleutelgansje
is altijd blauw.

of ...

Een oranje gansje
is altijd oranje.

toch niet?

Goos,
het gansje met het
blauwe hartje

beweegt naar links,
draait naar rechts,
rolt pardoes in het oranje badje.

Een dag als alle andere.

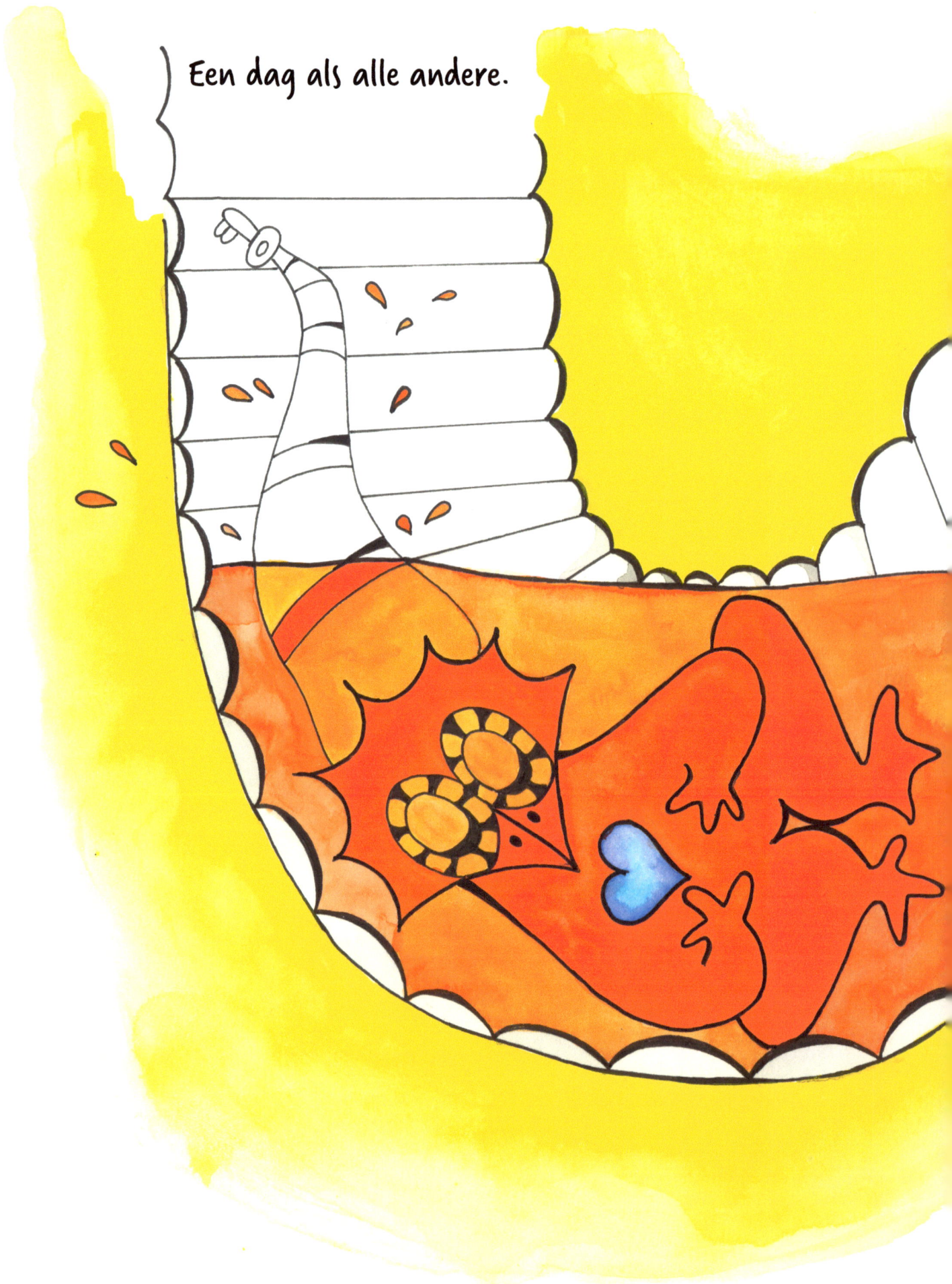

Ook Goos met het blauwe hartje
glijdt door de lichte warme oranje
buis zachtjes verder.

Op weg om eindelijk te worden
wie hij is.

Blauw.
Oranje.

Of blauw?
Of toch oranje?

Een vredige wereld.

De blauwe sleutelgansjes
doen de blauwe
dingen altijd
samen.

Met plezier.

De oranje sleutelgansjes doen de dingen altijd alleen.

Vol geluk.

Het blauwe hartje van Goos klopt warm
en diep in zijn oranje lijfje.

Goos en Pom zijn oud genoeg. Ze kijken in de spiegel naar elkaar en naar hun blauwe vriendjes.

De hartjes gaan dicht en de luikjes komen tevoorschijn.
De sleuteltjes mogen ze pas gebruiken als ze groot zijn.

Spelen!

Goos heeft de kleine paarse bal.
Pom de grote groene.

Goos gooit.
Maar Pom gooit niet terug.

Pom wil niet samen.
Pom is oranje, ze wil alleen.

Dan wil Joek vast
samen met het touw!

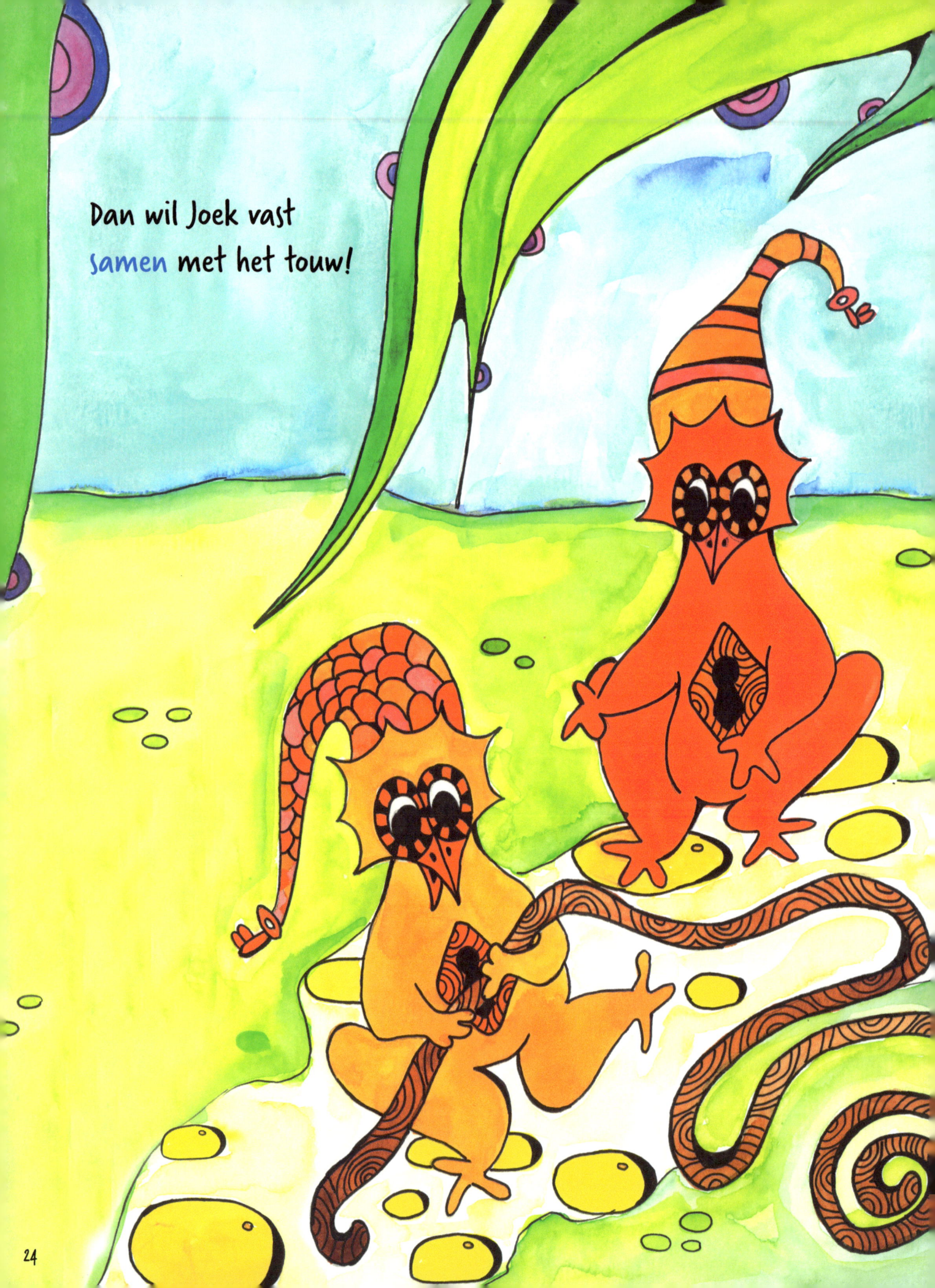

Maar hij wil niet samen.
Joek is oranje, hij wil alleen.

Goos rent achter Fie aan.
Maar Fie wil ook niet samen.

Fie is oranje, ze wil alleen.

Ze willen allemaal alleen.

Goos kijkt verdrietig om zich heen.
Wat nu?

De oranje gansjes spelen alleen.
Allemaal.
Altijd.

Goos wil zo graag samen.
Zo graag.

Goos kijkt naar de blauwe gansjes.
Zij spelen samen.

Allemaal.
Altijd.

Goos loopt verlegen
naar ze toe.

Iedereen kijkt op.
Verbaasd.

Goos is oranje.
Niet blauw.

Pom rent achter Goos aan.
"Je bent oranje, Goos!"

Goos blijft staan.

"Ik wil niet alleen spelen."
"Maar wij zijn oranje!", zegt Pom.

"Jullie zijn oranje
en willen alleen.

Ik ben.....
Ik wil samen!"
En Goos loopt verder.

Er klinkt muziek.
Het is prachtig.
Goos blijft stil staan.

Hij ziet blauwe sleutelgansjes samen
muziek maken.

Zijn hart voelt warm en klopt sneller dan anders.

Hij legt zijn hand op zijn hart
en voelt de warmte van het
geheimzinnige,
maar vertrouwde luikje.

Met zijn andere hand grijpt hij naar
het sleuteltje aan zijn muts.

Goos volgt de lieflijke tonen van de muziek
en loopt in de richting van een groepje blauwe
sleutelgansjes.

Ze stoppen met muziek maken en kijken
verwonderd naar het oranje gansje in hun midden.

Goos beweegt met ze mee
op de muziek en voelt
zijn hart weer warm
kloppen achter het
vertrouwde luikje.

Ze kijken Goos verbaasd aan.

"Wat doe je, Goos?
Wij zijn blauw!"
"Jij hoort hier niet!

Je kunt maar
beter teruggaan."

Er glijdt een traan over de wang van Goos.

Zijn hart voelt nu ijskoud aan als hij
zijn hand op het luikje legt.

De volgende dag gaan alle kleine sleutelgansjes voor het eerst naar school.

"Wat wil je later worden?", vraagt de juf.

"Blij"   "Sterk"   "Lief"   "Mooi"

"Blauw" zegt Goos zachtjes.

BLIJ

Mooi

ROEMD

"Dat kan niet!",

roepen de andere sleutelgansjes.

"En toch wil
ik blauw
worden."

"Mijn hart
klopt blauw."

Op een dag zijn Goos en Pom groot
genoeg om de luikjes te openen en in
hun hart te kijken om te ontdekken wie ze zijn.

Pom opent haar luikje.
Een warme oranje
straal schijnt Goos
tegemoet.

Lief staat er met grote letters in geschreven.

Goos pakt zijn sleuteltje
en draait het voorzichtig om.

Hij durft bijna niet te kijken.

Dapper

En een prachtige
blauwe glans
straalt hem
tegemoet.

Goos rent zo hard
als hij kan naar de blauwe gansjes.
"Ik wist het!
Mijn hart klopt blauw!
Ik ben blauw!"

Lief

Pom kijkt blij om zich heen
en zegt tevreden:

DAPPER

LIEF

DAPPER

DAPPER

Je bent niet wat de kleur
van je buitenkant is,

maar je bent de

kleur van je

hart

En zo staat Goos bekend als het kleine oranje sleutelgansje die blauwe dingen doet.

Maar ook als het kleine oranje gansje
met het grote dappere

blauwe

hart

Nawoord

Dit prentenboek kan helpen inzicht en betekenis te geven aan kinderen die te maken krijgen met genderdysforie.

Het is vanaf het begin duidelijk dat Goos blauw is en dus blauw gedrag vertoont. Het feit dat zijn buitenkant oranje is, zorgt er voor dat de omgeving oranje gedrag van hem verwacht. Dat is lastig voor Goos. Kinderen (maar ook volwassenen) zullen zich goed kunnen voorstellen dat Goos graag blauwe dingen wil doen, omdat hij blauw is.

En dat hij het moeilijk vindt om te zijn zoals de oranje gansjes, ook al ziet hij er wel zo uit. De situatie waar Goos in terecht komt zal heel herkenbaar zijn. Iedereen kan zich gemakkelijk in zijn situatie verplaatsen en zich afvragen hoe er mee om te gaan.

Uiteindelijk gaan we allemaal op zoek naar onszelf.

Wij hebben echter geen sleuteltje naar ons hart, dus wij zullen moeten vertrouwen op wat de ander zegt te voelen en te weten. Belangrijk is om geen oordeel te hebben over de kinderen die deze weg te bewandelen hebben.

Vertrouw op wie ze zijn, ongeacht hun uiterlijk.

Be your own kind of beautiful!

www.ingramcontent.com/pod-product-compliance
Lightning Source LLC
Chambersburg PA
CBHW042001100426
42813CB00019B/2948